# CHARLES COMTE

*Docteur en droit*

*Ancien Contrôleur des Contributions Directes*

*Maître de Conférences à l'École Supérieure de Commerce de Lyon*

*Conseil fiscal*

# NOTIONS

sur le

# PRIVILÈGE DU TRÉSOR

## GÉNÉRALITÉS

Extrait du *Salut Public*

## Charles COMTE

*Docteur en droit*

*Ancien Contrôleur des Contributions Directes*

*Maître de Conférences à l'Ecole Supérieure de Commerce de Lyon*

*Conseil fiscal*

# NOTIONS

## sur le

# PRIVILÈGE DU TRÉSOR

## GÉNÉRALITÉS

Extrait du *Salut Public*

# NOTIONS

## sur le

# PRIVILÈGE DU TRÉSOR

---

## GÉNÉRALITÉS

---

Le privilège est la qualité qui s'attache à une créance d'être préférée à une autre.

Entre deux créances, celle assortie d'un privilège sera d'abord réglée ; celle non privilégiée ne viendra qu'ensuite.

Aux termes de l'article 2098 du Code civil, le privilège à raison des droits du Trésor public, et l'ordre dans lequel il s'exerce sont réglés par les lois qui les concernent. Le Trésor public ne peut cependant obtenir de privilège au préjudice des droits antérieurement acquis à des tiers. Ce dernier paragraphe de l'article 2098 du C. C. doit s'entendre des droits déjà acquis à des tiers lorsqu'un nouveau privilège vient à être créé. La Cour de Paris a jugé, en effet, que l'exception posée par le deuxième § de l'art 2098 à l'exercice du privilège du Trésor devait s'entendre des droits privilégiés acquis à des tiers antérieurement à la promulgation de la loi destinée à organiser ce privilège. (Arrêt du 4 mars 1839). Dans le même sens, arrêt de la Cour de Cassation du 27 juillet 1925.

Le privilège du Trésor étant réglé par les lois qui lui sont propres se trouve placé hors du droit commun.

Non seulement ce privilège est placé hors du droit commun, mais en outre il y a lieu pour chaque droit ou revenu de considérer séparément de quel sorte de privilège il est assorti.

### Des différents privilèges

On distingue :

1° Le privilège dont se trouve assorti le recouvrement des Contributions directes et taxes assimilées ;

2° Celui des taxes municipales assimilées aux Contributions directes ;

3° Celui de la contribution de guerre ;

4° Celui des contributions indirectes ;

5° Celui des droits de douane ;

6° Celui des créances pour faits de charge des fonctionnaires ;

7° Celui des frais de condamnations criminelles, correctionnelles et de simple police.

8° Recouvrement des droits de timbre et des droits de succession différés.

## 1° Contributions directes, Généralités

Le privilège du Trésor public pour le recouvrement des Contributions directes est réglé ainsi qu'il suit et s'exerce avant tout autre :

1° Pour la contribution foncière de l'année échue et de l'année courante sur les récoltes, fruits, loyers et revenus des biens immeubles sujets à la contribution ;

2° Pour l'année échue et l'année courante des contributions mobilières, des portes et fenêtres, des patentes et toute autre contribution directe et personnelle ; sur tous les meubles et autres effets mobiliers appartenant aux redevables en quelque lieu qu'ils se trouvent. (Loi du 12 novembre 1808, art. 1.)

### Recouvrements garantis

Ce privilège s'exerce aussi bien pour le recouvrement dès droits en principal que pour celui des centimes additionnels et supplémentaires dont ils sont affectés. Il garantit non seulement le recouvrement des quatres contributions directes visées a l'article 10 de la loi du 12 novembre 1808, mais aussi toutes les contributions de de création récente au titre d'impôts sur les revenus et visées au numéro 2 de l'article 1ᵉʳ de la loi du 12 novembre 1808 par l'expression « et toute autre contribution directe et personnelle ».

Il garantit ensuite le recouvrement des taxes assimilées aux contributions directes, et la loi du 30 mars 1902 en a étendu le bénéfice aux taxes municipales assimilées.

## Distinction entre l'impôt foncier et les autres contributions directes

L'article 1ᵉʳ de la loi du 12 novembre 1808 fait une distinction entre la contribution foncière et les autres contributions directes. Alors que pour l'impôt foncier le privilège est limité aux fruits, loyers et revenus des biens immeubles sujets à la contribution, il s'étend pour les autres contributions directes à tous les meubles et effets mobiliers du redevable en quelque lieu qu'ils se trouvent.

## Biens sur lesquels porte le privilège

Mais aussi bien pour l'impôt foncier que pour les autres contributions directes, le privilège ne porte que sur les meubles et effets mobiliers à l'exclusion par conséquent des immeubles et des meubles immeubles par destination.

## Durée du privilège

Les dispositions relatives à la durée du privilège ont été modifiées depuis la promulgation de la loi du 12 novembre 1808. Cette durée est aujourd'hui de deux ans, c'est-à-dire de vingt-quatre mois à compter suivant le cas du jour de la publication ou de celui de la misé en recouvrement du rôle, l'expression année échue et année courante se trouve être abrogée.

Aucun acte de poursuite n'interrompt cette prescription et ni la réclamation devant le Conseil de préfecture, ni le pourvoi devant le Conseil d'Etat ne sont interruptifs.

## A. Privilège de la Contribution foncière
## Biens affectés du privilège

Le privilège porte sur les fruits et revenus du seul immeuble objet de la contribution. Un contribuable possédant plusieurs immeubles ne peut donc indifféremment supporter sur un immeuble le recouvrement par privilège de l'impôt foncier dû pour d'autres et le privilège est cantonné par immeuble.

L'importance du cantonnement apparaît dans le cas où un redevable est assujetti à l'impôt foncier pour plusieurs immeubles dont partie est cependant sortie de son patrimoine. Dans ce cas, le Trésor ne serait pas fondé, pour le recouvrement de l'impôt foncier frappant les biens sortis du patrimoine à exercer son privilège sur les fruits et revenus des autres immeubles restés entre les mains du redevable.

## Créancier hypothécaire
## Prix des immeubles et intérêts

En cas de vente d'un immeuble affecté d'une inscription hypothécaire, l'Administration pourra produire à l'ordre pour l'impôt foncier relatif à l'immeuble vendu et sur les intérêts du prix elle sera colloquée par préférence.

Si le prix global comprenait la valeur de fruits et revenus, le Trésor pourrait demander la ventilation du prix en principal et revenu, et exercer son privilège sur la portion afférente à la valeur des récoltes.

La procédure d'expropriation forcée ne fait pas obstacle à la saisie des fruits et revenus pour assurer l'exercice du privilège.

## Droits acquis par des tiers

L'article 2098 du Code civil dispose que le privilège du Trésor ne préjudicie pas aux droits acquis antérieurement à des tiers. Un arrêt de la Cour de Cassation du 27 juillet 1925 précise qu'il faut entendre par là uniquement les droits qui sont déjà acquis au moment où le législateur vient à créer une nouvelle espèce de privilège.

## Responsabilité du nouveau propriétaire

Le droit de suite dont se trouve assorti le privilège du Trésor en matière d'impôt foncier permet donc absolument de saisir les fruits de l'immeuble pour assurer le recouvrement d'impôt foncier antérieur à la date d'acquisition et laissé impayé par l'ancien propriétaire.

La cession des loyers ne ferait pas davantage obstacle à l'exercice du privilège

et du droit de suite, car il n'y a pas de différence à faire pour l'exercice du privilège entre les fruits cédés en même temps
que l'immeuble et les fruits cédés distinc-
tement et séparément.

Le nouveau propriétaire ne peut s'opposer ni se soustraire à l'effet du privilège,
en faisant stipuler dans l'acte qu'il ne sera
responsable que de la partie d'impôt foncier venant à courir du jour de son entrée
en possession. Les conventions entre parties ne peuvent tenir en échec les dispositions de la loi du 12 novembre 1808, et, à
défaut de paiement des impôts arriérés,
l'acquéreur devra faire mettre en réserve
une partie suffisante du prix.

Toutefois, le nouveau propriétaire ne
peut être tenu sur ses autres biens meubles de l'impôt foncier impayé et le recouvrement ne peut s'exercer, à son encontre,
absolument que sur les loyers de l'immeuble.

S'il advenait, par conséquent, que l'immeuble devînt après l'acquisition impro-
ductif de revenu, le Trésor n'aurait plus
de recours contre l'acquéreur et si l'ancien
propriétaire est insolvable, l'impôt devient
irrécouvrable.

Enfin, la saisie des loyers au préjudice
du nouveau propriétaire ne peut s'opérer
que tout autant que l'impôt est privilégié.
Le privilège périme par l'expiration du dé-

lai de deux ans à compter du jour de la mise en recouvrement du rôle, la prescription ni la réclamation devant le Conseil de préfecture ne sont interruptifs, ni le pourvoi en Conseil d'Etat.

### Responsabilité de l'ancien propriétaire

L'ancien propriétaire demeure responsable de l'impôt foncier tant que son nom figure au rôle. Cette responsabilité subsiste en dehors du privilège, qui ne peut s'exercer que sur les loyers de l'immeuble entré dans le patrimoine de l'acquéreur et à l'exclusion de tous les autres biens meubles de l'ancien propriétaire.

L'absence de privilège ne pourrait faire obstacle à ce que le Trésor entreprenne l'ancien propriétaire sur ses autres biens pour assurer le recouvrement de l'impôt foncier, mais il n'agirait que comme simple créancier chirographaire et non comme créancier privilégié.

Pour se libérer de toute obligation, l'ancien propriétaire demande au préfet de faire opérer une mutation de cote, aux fins de voir le nouveau propriétaire inscrit au rôle au lieu et place du vendeur.

### Exercice du privilège. — Prélèvement sur les loyers. — Mise en cause du locataire.

Le privilège sur les loyers produits par l'immeuble imposé s'exerce contre le locataire, qui reçoit notification sans frais d'une demande de paiement par privilège dans la limite des loyers exigibles pour compte du propriétaire. Les quittances du percepteur pour les sommes légitimement dues lui sont allouées en compte vis-à-vis du propriétaire. Cette procédure sommaire résulte de l'article 2 de la loi du 12 novembre 1808, ainsi conçu :

« Art. 2. — Tous fermiers, locataires, receveurs, économes, notaires, commissaires-priseurs et autres dépositaires et débiteurs des deniers provenant du chef des redevables et affectés au privilège du Trésor public, seront tenus, sur la demande qui leur sera faite, de payer en l'acquit des redevables et sur le montant des fonds qu'ils doivent ou qui sont en leurs mains, jusqu'à concurrence de tout ou partie des contributions dues par ces derniers. Les quittances des percepteurs pour les sommes légitimement dues leur seront allouées en compte. »

Le locataire qui refuserait ou négligerait de satisfaire à la demande de paiement pour privilège deviendrait personnellement débiteur solidaire avec le propriétaire des sommes dont il se serait indûment dessaisi.

Le propriétaire ne serait pas tenu d'accepter des quittances délivrées au locataire pour un impôt foncier acquitté précédemment ou non privilégié.

Le locataire, dans ce cas, aurait recours contre le percepteur devant le Conseil de préfecture.

## B. Privilège des contributions directes autres que la contribution foncière

Pour les contributions directes et taxes assimilées autres que la contribution foncière, le privilège porte sur tous les meubles et autres effets mobiliers appartenant au redevable.

Il porte également sur les loyers et revenus des immeubles, mais si sur les revenus d'un immeuble il venait en concurrence avec le privilège de la Contribution foncière, l'impôt foncier serait réglé par préférence, parce que le rang des privilèges se détermine par l'ordre dans lequel ils sont désignés par la loi. La loi du 12 novembre 1808 affecte sous le numéro 1c l'impôt foncier d'un privilège sur le revenu des immeubles.

### Etendue du privilège

Le Trésor exerce son privilège sur les meubles et effets mobiliers du redevable en quelque lieu qu'ils se trouvent, même s'ils sont chez un tiers en dépôt ou en gage.

Toutefois le privilège ne peut s'exercer que sur les biens meubles se trouvant encore dans le patrimoine du redevable à l'exclusion de ceux qui en sont sortis, même si au moment de la vente ou de l'aliénation ces biens étaient affectés au privilège du Trésor.

### Rang du Privilège

S'exerçant avant tout autre, pour la contribution foncière sur les revenus de l'immeuble imposé et pour les autres contributions directes et taxes assimilées sur la généralité des biens meubles, le privilège du Trésor prime tous les privilèges de l'article 2.101 du Code civil qui sont des privilèges sur la généralité des biens meubles. Cependant il est primé par le privilège des frais de justice lorsque ceux-ci ont pour objet l'intérêt commun de tous les créanciers (N° 1 de l'art. 2101).

Les privilèges de l'article 2.101 qui s'étendent à la généralité des biens meubles et des immeubles sont énoncés dans l'ordre suivant :

1° Les frais de justice ;

2° Les frais funéraires ;

3° Les frais quelconques de la dernière maladie, concurremment entre ceux à qui ils sont dus ;

4° Les salaires des gens de service pour l'année échue et ce qui est dû pour l'année courante ;

5° Les fournitures de subsistances faites au débiteur et à sa famille ; savoir, pendant les six derniers mois par les marchands en détail, tels que boulangers, bouchers et pendant la dernière année, par les maîtres de pension et marchands en gros.

Le privilège du Trésor pour les contributions directes prime également les privilèges de l'article 2.102 qui sont des privilèges sur certains meubles, savoir :

1° Les loyers et fermages des immeubles sur les fruits de la récolte de l'année et sur le prix de tout ce qui garnit la maison louée ou la ferme ;

2° La créance sur le gage dont le créancier est saisi ;

3° Les frais faits pour la conservation de la chose ;

4° Le prix d'effets mobiliers non payés s'ils sont encore en la possession du débiteur, soit qu'il ait acheté à terme ou sans terme ;

5° Les fournitures d'un aubergiste sur les effets du voyageur ;

6° Les frais de voiture et les dépenses accessoires sur la chose voiturée ;

7° Les créances résultant d'abus et de prévarications commis par les fonctionnaires dans l'exercice de leurs fonctions sur les fonds de leur cautionnement ;

8° Le privilège des contributions indirectes et des douanes et celui du Trésor pour le recouvrement des frais de justice, restitution et réparation des dommages causés.

### Créancier gagiste — Créancier nanti

Primant tous les privilèges des articles 2.101, exception faite pour les frais de justice faits dans l'intérêt commun des **créanciers** et tous les privilèges de l'article 2.102, le privilège du Trésor pour le recouvrement des contributions directes prime le privilège du créancier nanti, même si celui-ci a fait inscrire son privilège **au** greffe du Tribunal de Commerce et quelle que soit la date du nantissement, celle-ci fut-elle antérieure de plusieurs années à celle où se situe le fait générateur de l'impôt. En effet, le rang de préférence des privilèges sur les meubles n'est pas réglé par la priorité du temps, mais par la qualité du privilège dont se trouvent assorties les créances en concurrence.

Si l'article 2.098 du Code civil stipule en effet que le privilège du Trésor ne préjudicie pas aux droits acquis antérieurement par des tiers, nous avons vu dans quel sens il fallait entendre cette disposition.

C'est ce qui s'est produit lors de la création d'un privilège sur les immeubles pour le recouvrement de la contribution de guerre (Loi du 25 Juin 1920 et loi du 10 Août 1922). Le Trésor n'a eu rang de préférence qu'à l'encontre des créanciers hypothécaires inscrits postérieurement au

25 Juin 1920 et les droits acquis à des tiers antérieurement à cette date, ont été respectés.

## Privilège du vendeur d'effets mobiliers

Il en résulte de même que le privilège du vendeur d'effets mobiliers non payés ou de fonds de commerce, n° 4 de l'article 2.102, se trouve primé par celui du Trésor.

## Cession de fonds de commerce
## à titre onéreux ou à titre gratuit

Le Trésor a également privilège sur les meubles et effets mobiliers du cessionnaire à titre gratuit ou à titre onéreux, pour les cotes d'impôt sur les bénéfices industriels et commerciaux, établies en cas de cession, dans les conditions prévues par l'article 12 de la loi de finances du 30 Juin 1923, qui prévoit dans le cas de cession ou de cessation d'une entreprise en totalité ou en partie, que l'impôt sur les bénéfices industriels et commerciaux, dû en raison des bénéfices qui n'ont pas encore été taxés, est immédiatement établi, et que le détenteur demeure responsable solidairement avec le contribuable, du paiement desdites cotes pendant 3 mois, à dater de la déclaration prévue par cet article.

L'acquéreur à titre gratuit ou à titre onéreux, demeurant solidairement responsable avec le contribuable, il se trouve placé, en sa qualité de débiteur solidaire, dans le même cas que le débiteur principal et il est tenu de la même manière sur tous ses biens meubles.

Il conviendra sans doute que la créance du Trésor soit d'abord discutée sur le fonds, mais sans limitation ; et en cas d'insuffisance, le Trésor passera par préférence, sur les autres biens meubles du débiteur principal ou sur ceux du débiteur solidaire. En effet, ni la loi de finances du 30 Juin 1923, ni le décret du 15 Octobre 1926, ne limitent les biens sur lesquels le Trésor exercera le recouvrement des sommes dues.

### Tiers détenteur

L'article 2 de la loi du 12 Novembre 1808 fait une obligation aux détenteurs de deniers affectés au privilège, de payer en l'acquit des redevables, tout ou partie des contributions dues. Les quittances des percepteurs leur seront allouées en compte.

### Retenues sur traitements et salaires

Cette disposition de la loi du 12 Novembre 1808 reçoit une large application de-

puis l'établissement de l'impôt sur les traitements et salaires. L'employeur reçoit du
percepteur une demaande de paiement par
privilège sur les sommes dues à l'employé.

« La demande de paiement ne peut s'exer-
« cer que dans la limite des sommes décla-
« rées saisissables par la loi. »

Si l'employeur dénie être débiteur du redevable, le droit de statuer appartient
aux tribunaux judiciaires.

Les salaires, quelle que soit leur importance, ne sont saisissables que jusqu'à
concurrence du dixième.

Les appointements ne sont saisissables
que jusqu'à concurrence du dixième, si
leur montant ne dépasse pas six mille
francs par an. Ne sont pas comprises dans
le chiffre de 6.000 les indemnités pour
charges de famille, qui sont insaisissables
sauf pour pension alimentaire.

Pour les traitements supérieurs à 6.000,
la retenue s'exerce à raison de :
1/5 sur les premiers mille francs ;
1/4 sur les 5.000 francs qui suivent ;
1/3 sur la portion excédant 6.000 francs.

### Pensions civiles et militaires

Les pensions civiles et militaires subis-
sent la retenue dans les mêmes conditions
que les traitements d'activité. Toutefois,
les allocations aux ascendants des militai-

res. versées en vertu de la loi du 31 Mars 1919, ne sont passibles de retenues que dans la limite de 1/5.

## Marins

Mais pour les marins, les salaires et profits ne peuvent être saisis et cédés que jusqu'à concurrence du quart. C'est ce qui résulte de la loi du 13 Décembre 1926, art. 67 et 68.

## Notaires. Huissiers
## Commissaires-priseurs, etc.

Si le tiers détenteur a qualité de dépositaire public, il est soumis non seulement aux obligations de l'art. 2 de la loi du 12 Novembre 1808. mais encore à celles de la loi des 5-18 Août 1791, aux termes de laquelle tous huissiers, priseurs, receveurs de consignations, commissaires aux saisies réelles. notaires-séquestres et tous autres dépositaires de deniers, ne remettront aux héritiers, créanciers et autres personnes ayant droit de toucher les sommes séquestrées et déposées, qu'en justifiant du paiement des impositions mobilières et contributions patriotiques dues par les personnes du chef desquelles les dites sommes seront provenues. Seront même autorisés, en tant que de besoin, les dits séquestres et dépositaires, à payer directement les contributions qui se trouveraient dues avant de procéder à la délivrance des deniers, et les quittances des dites contributions leur seront passées en compte.

La loi de 1791 oblige le dépositaire public à ne pas se dessaisir des fonds sans avoir la preuve du paiement des contributions restant dues, et l'art. 2 de la loi du 12 Novembre 1808, à les payer en l'acquit du redevable et sur le montant des fonds qu'il doit ou qui sont entre ses mains.

La Cour de Cassation a tranché par la négative la question de savoir si la loi du 12 Novembre 1808 n'avait pas abrogé la loi des 5 - 18 Août 1791 (arrêt du 21 Mai 1883).

L'huissier, le commissaire - priseur, le notaire qui a procédé à une vente publique de meubles, et en a versé le prix aux ayants droit, sans s'être fait préalablement justifier du paiement des contributions à la charge du redevable, est à bon droit poursuivi comme responsable vis-à-vis du Trésor public dont il a laissé périr le gage.

Avant de se dessaisir des deniers, l'officier ministériel doit donc faire une démarche auprès du percepteur.

Toutefois, lorsque l'officier ministériel sert simplement d'intermédiaire pour mettre les parties en rapport et qu'il n'a pas à recevoir de deniers, il échappe aux prescriptions des lois des 5-18 Août 1791 et 12 Novembre 1808, et sa responsabilité n'est pas engagée.

En versant à la Caisse des Dépôts et Consignations des deniers affectés au privilège du Trésor, l'officier ministériel ne satisfait pas au vœu de la loi du 12 Novembre 1808, qui impose l'obligation de payer en l'acquit du redevable.

Quant au dépositaire qui n'a pas le caractère de dépositaire public, il n'est nullement tenu de s'assurer avant la délivrance des deniers, qu'il n'est pas dû de contributions ; s'il en est requis par le percepteur, il paye.

## Produits et revenus auxquels sont applicables les lois des 5-18 Août 1791 et 12 Novembre 1808.

Les lois du 5-18 Août 1791 et la loi du 12 Novembre 1808 ne s'appliquent qu'aux contributions directes, aux taxes assimilées et à la contribution de guerre, à l'exclusion des contributions indirectes et des droits de douanes et autres produits, même s'ils sont assortis d'un privilège.

## Moyen de recouvrement
## en dehors du privilège

En dehors du droit de préférence résultant de son privilège, le Trésor public a celui de poursuivre le débiteur sur la généralité de ses biens. Il n'est pas douteux que le Trésor a le droit de faire saisir un immeuble pour le recouvrement des impôts. C'est ce qui résulte de l'art. 3 la loi du 12 novembre 1808.

« Art. 3. — Le privilège attribué au Trésor public pour le recouvrement des contributions directes ne préjudicie pas aux autres droits qu'il pourrait exercer sur les biens du redevable comme tout autre créancier. »

Toutefois, la saisie immobilière ne peut avoir lieu qu'après l'autorisation du ministre des finances et lorsque le débiteur a été discuté pour tous ses biens meubles.

### Revendications

L'acquéreur ou le détenteur qui se trouverait lésé doit former une demande en revendication.

Aux termes de l'article 4 de la loi du 12 novembre 1808, dans le cas de saisie de meubles et autres effets mobiliers au préjudice d'un tiers, celui-ci doit former une demande en revendications de tout ou partie des meubles et effets.

Cette demande ne pourra être portée devant les tribunaux ordinaires qu'après avoir été soumise par l'une des parties intéressées à l'autorité administrative. C'est ce qui résulte de la loi des 23 et 28 octobre et 5 novembre 1790.

La partie qui revendique établit un mémoire explicatif sur papier libre, elle y joint la preuve des droits de propriété.

Le mémoire est adressé au Préfet et non au Conseil de Préfecture.

L'autorité administrative a un délai d'un mois à dater du jour de la remise du mémoire explicatif pour statuer. Passé ce délai, l'opposition-revendication est portée devant les tribunaux, soit que le préfet n'ait pas donné satisfaction à la partie qui revendique, soit qu'il n'ait pas fait connaître sa réponse.

Une opposition-revendication portée devant les tribunaux avant l'accomplissement de cette formalité de dépôt du mémoire explicatif et l'expiration du délai d'un mois ne serait pas recevable et l'opposant débouté et condamné aux frais.

L'opposant qui se bornerait à faire signifier son opposition sans la porter ensuite devant le tribunal n'éviterait pas davantage une condamnation. Le percepteur remplirait alors la formalité prévue par la loi des 28 octobre et 5 novembre 1790 et demanderait la nullité de l'opposition et la condamnation de l'opposant aux frais.

La vente des meubles saisis aurait lieu et le Trésor exercerait son privilège sur le produit de la vente tant pour la créance en principal que pour les frais.

## Compétence

En matière de Contributions directes, qu'il s'agisse de contribution foncière ou d'autres contributions directes, les tribunaux de l'ordre judiciaire sont seuls compétents pour connaître des questions relatives à l'existence et à l'étendue du privilège.

Par suite, c'est aux tribunaux civils qu'il appartiendra de dire, en matière d'impôt foncier, si le privilège assorti d'un droit de suite permet au Trésor de saisir les fruits de l'immeuble imposé, au préjudice du nouveau propriétaire pour assurer le recouvrement de l'impôt foncier laissé impayé.

Si un tiers poursuivi dénie être débiteur du redevable, les tribunaux ordinaires sont compétents pour connaître de l'affaire.

Il a été jugé (Cassation, Ch. civ., 16 mars 1927) qu'un tribunal de commerce n'était pas compétent pour statuer sur les prétentions de l'Administration des Contributions indirectes, qui entendait être payée de sa créance par privilège, ce qui lui était contesté par le syndic de la faillite. Il s'agissait, dans l'espèce, d'un impôt sur le chiffre d'affaires, mais la solution eût été la même si le litige avait eu pour objet une contribution directe.

En dehors de la question de privilège, les tribunaux ordinaires sont compétents pour connaître de la régularité et de la forme des actes de poursuites. Mais, ils sont incompétents lorsqu'il s'agit de l'existence ou de la quotité de la dette. Ils sont également incompétents pour statuer sur une opposition basée sur ce que la somme réclamée n'est pas due, ou que le total n'est pas exact, en raison d'acomptes payés ou que les versements ont été mal imputés et la quittance mal rédigée.

Ils n'ont pas davantage qualité pour connaître d'une demande en dommages-intérêts dirigée contre le percepteur, pour préjudice causé à la suite d'une faute de service.

C'est le ministre et en appel le Conseil d'Etat qui est seul compétent en ce cas.

Le contribuable qui ne justifie d'aucun préjudice réel à l'occasion de poursuites injustifiées exercées en son encontre n'est pas fondé à réclamer des dommages-intérêts. (Conseil d'Etat, 1er juillet 1927.)

### Privilèges du Trésor venant en concurrence entre eux

Le privilège du Trésor pour les Contributions directes s'exerce avant tout autre, sauf celui des frais de justice. S'il se trouve en concurrence avec d'autres privilèges du Trésor, il les prime. Mais il faut respecter la distinction faite par la loi du 12 novembre 1808, qui limite le privilège de l'impôt foncier aux revenus de l'immeuble, tandis que pour les autres contributions directes, il l'étend à la généralité des biens meubles.

En sorte que sur les revenus de l'immeuble, le privilège de l'impôt foncier primera celui des contributions indirectes, mais sur les autres biens meubles, la Régie aura rang de préférence, car alors, tandis que les autres contributions directes le seront, l'impôt foncier n'est plus privilégié.

Lorsque deux privilèges de même rang viennent en concurrence, ils s'exercent au prorata du montant de chaque créance. C'est ce qui se produit lorsque le privilège des contributions directes vient en concurrence avec lui-même pour les cotes de deux perceptions différentes, ou encore lorsqu'il s'agit des différentes cotes d'un même bureau.

Quant aux taxes assimilées, elles ne prennent rang qu'après les contributions directes, parce que la loi du 12 novembre 1808 ne les mentionne qu'après celles-ci.

## 2° Privilège des taxes municipales assimilées aux Contributions directes

Le privilège dont se trouve assorti le recouvrement des taxes municipales assimilées aux contributions directes prend rang immédiatement après celui des contributions directes et des taxes assimilées. C'est ce qui résulte de l'article 58 de la loi de finances du 30 mars 1902, ainsi conçu : « Les dispositions de la loi du 12 novembre 1808 s'appliquent aux taxes municipales assimilées aux contributions directes. Toutefois, le privilège ainsi créé prendra rang immédiatemet après celui du Trésor public.»Prenant rang immédiatement après le privilège du Trésor, le privilège de taxes communales se trouve primer les privilèges des articles 2101 et 2102 du Code civil et tous ceux qui sont primés par le privilège des Contributions directes.

### 3° Privilège du Trésor sur le cautionnement des fonctionnaires, et les dépôts de garantie.

Le Trésor a privilège sur les cautionnements fournis par certains fonctionnaires en garantie de leur gestion. Mais ce privilège ne doit pas être considéré comme primant celui des contributions directes.

Dans tous les cas, d'après la loi du 5 septembre 1807 art. 2, le privilège du Trésor sur les biens meubles des comptables ne s'exerce qu'après les privilèges généraux et particuliers énoncés aux articles 2101 et 2102 du C. C.

Mais, indépendamment du privilège sur les cautionnements et les biens meubles, le Trésor a privilège sur les immeubles acquis à titre onéreux par les comptables après leur nomination et aussi sur ceux acquis par leurs femmes, même séparées de biens. Sont exceptées les acquisitions faites par les femmes, lorsqu'il sera légalement spécifié que les deniers employés à l'acquisition leur appartenaient. Le tout à la charge par le Trésor d'une inscription à prendre dans les deux mois de l'enregistrement de l'acte d'achat.

Le Trésor a également hypothèque légale sur les immeubles que les comptables pouvaient posséder avant leur nomination, mais à charge d'inscription. Il a une hypothèque semblable et a la même charge sur les biens acquis autrement qu'à titre onéreux postérieurement à leur nomination. (Loi du 5 septembre 1807, art. 4.)

La plupart des comptables sont aujourd'hui cautionnés par l'association du cautionnement mutuel, qui se trouve subrogée aux droits du Trésor, de la commune ou de l'établissement intéressé.

Les cautionnements des fonctionnaires ne sont autre chose qu'un gage affecté à certaines créances. Or, le privilège du Trésor pour le recouvrement des contributions directes s'exerce avant celui du créancier gagiste (privilège de l'art. 2102 du Code civil). Il en serait autrement, si les fonds ayant servi à constituer le cautionnement étaient la propriété d'un bailleur de fonds. Ce dernier, sur les fonds déposés qui restent sa propriété, n'est tenu que pour les faits de charge. On serait mal fondé, les faits de charge étant soldés, à vouloir exercer sur le reliquat du cautionnement un privilège qui ne peut porter que sur les biens meubles du redevable et non sur les biens meubles d'un tiers. (Dalloz, Code des Lois politiques, Contributions directes, vol. 4, p. 67.)

Cette manière de voir paraît applicable à tous cautionnements et dépôts, même aux cautionnements des fournisseurs et adjudicataires de l'Etat, des départements, des communes et établissements publics.

## 4° Contribution extraordinaire sur les bénéfices de guerre

Là loi du 1ᵉʳ juillet 1916, instituant la contribution de guerre, énonçait simplement que les rôles seraient recouvrés comme en matière de contributions directes. Pour le recouvrement, le Trésor ne profitait, en conséquence, que du privilège sur les meubles et effets mobiliers du redevable, conformément à l'article 1ᵉʳ de la loi du 12 novembre 1808. Mais l'article 20 de la loi du 25 juin 1920 a porté le délai de péremption du privilège à 15 ans et l'a, d'autre part, étendu à tous les biens des redevables, meubles et immeubles.

La contribution de guerre est assortie en conséquence : 1° d'un privilège sur les biens meubles des redevables qui se périme par quinze ans ;

2° D'un privilège sur les immeubles, navires et fonds de commerce. Toutefois, jusqu'à la promulgation de la loi du 10 août 1922, le privilège sur les immeubles, navires et fonds de commerce était resté occulte, mais à partir de cette loi, ce privilège ne peut s'exercer qu'à la condition d'avoir été inscrit dans les trois mois de la promulgation de la loi pour les rôles déjà émis à ce moment ; et, pour les rôles à venir, dans les trois mois de leur publication.

Il est soumis aux règles de droit commun de renouvellement des inscriptions.

### A. — Privilège sur les meubles

Le privilège dont se trouve assorti le recouvrement de la contribution de guerre sur les biens meubles est celui édicté en faveur du recouvrement des contributions directes par l'art. 1 de la loi du 12 novembre 1808. Toutes les régles relatives aux contributions directes lui sont applicables, mais au lieu de se prescrire par deux ans, le privilège, lorsqu'il s'agit de contribution de guerre ne se prescrit que par quinze ans.

### B. — Privilège sur les immeubles, navires, fonds de commerce

Aux termes de la loi du 10 août 1922, le privilège sur les immeubles, navires et fonds de commerce porte sur tous les biens présents et à venir. L'immeuble qui entre dans le patrimoine du redevable se trouve de ce fait grevé du privilège du Trésor. Mais le Trésor étant tenu de faire inscrire son privilège il faut que l'immeuble soit situé dans la circonscription du bureau d'hypothèques où le percepteur détenteur du rôle a pris une inscription contre tous biens présents et à venir. Le privilège reste donc inopérant pour les immeubles, navires, fonds de commerce, situés dans la circonscription d'un bureau d'hypothèques, greffe du Tribunal de commerce, Recette principale des douanes dans lesquels il n'aura pas été pris d'inscription.

### Rang du privilège sur les immeubles, navires et fonds de commerce

Le privilège inscrit dans le délai de trois mois de la promulgation de la loi du 10 août 1922 ou de la publication des rôles pour les rôles émis depuis, a rang de préférence sur celui du créancier hypothécaire inscrit postérieurement au 25 juin 1920. Cependant, la loi fait une exception en faveur de l'acquéreur de bonne foi pour lequel le Trésor renonce au bénéfice de la rétroactivité pour la période comprise entre le 25 juin 1920 et la date de l'inscription.

Si le privilège n'a pas été inscrit dans le délai de trois mois prévu par la loi du 10 août 1922, il perd son effet rétroactif et dégénère en simple inscription hypothécaire prenant rang à compter de sa date.

Le privilège sur les navires et fonds de commerce se trouve déclassé. En effet, les navires et les fonds de commerce sont des meubles et sur les meubles le privilège du Trésor s'exerce avant tout autre (loi du

12 novembre 1808 art. 1er no 2). Mais la loi du 10 août 1922 n'a pas maintenu pour les navires et fonds de commerce ce rang de priorité. Elle a classé le privilège du Trésor après les privilèges des articles 2.101 et 2.103 du Code civil, mais pour que ce privilège soit déclassé il faut que les navires ou fonds de commerce ne soient pas démembrés. On ne saurait, en effet, soutenir que sur des éléments détachés de l'objet principal le Trésor n'a pas rang de préférence en vertu de l'art. 1er de la loi du 12 novembre 1808 no 2.

## Rang du privilège
## de la contribution de guerre

### I

Sur les meubles et effets mobiliers du redevable (loi du 12 Novembre 1808, art. 1er et loi des 1er Juillet 1816 et 25 Juin 1920).

1o Frais de justice.

2o Contributions directes et taxes assimilées.

3o Contribution de guerre.

### II

Sur les immeubles, navires et fonds de commerce (lois des 25 Juin 1920, 10 Août 1922 et 15 Mai 1924).

1o Privilèges de l'art. 2101 sur les meubles et les immeubles.

2º Privilèges de la loi du 5 Septembre
1807, frais dus au Trésor pour frais
d'une condamnation criminelle, correctionnelle ou de simple police.
3º Privilèges sur les immeubles énoncés
à l'art. 2 103 du Code civil.
4º Privilèges de l'art. 191 du Code de
Commerce, mais sur les navires seulement.
5º Contribution de guerre.

### Inscription du privilège

L'inscription se fait en dehors du redevable qui est simplement appelé à faire
connaître les immeubles navires et fonds
de commerce en sa posession depuis le 25
juin 1920. Les frais d'inscription sont à la
charge du redevable. Mais si l'imposition
est reconnue erronnée, les frais d'inscription et de radiation sont à la charge du
Trésor.

Pour les Sociétés en nom collectif, le
privilège est d'abord inscrit sur les immeubles sociaux, navires et fonds de commerce, et en cas d'insuffisance sur les
immeubles pouvant appartenir à chaque
associé. Dans les Sociétés anonymes, le
privilège n'est inscrit que sur les immeubles appartenant à la Société à l'exclusion
de ceux appartenant aux administrateurs
ou gérants.

Les certificats ou états des inscriptions
délivrés par les conservateurs ne font pas
mention des sommes dues à titre de contribution de guerre en raison du secret imposé par la loi. Il y est simplement fait
mention qu'inscription a été requise au
profit du Trésor public pour imposition à
la contribution de guerre.

### Purge préventive

Pour mettre les acquéreurs ou les prêteurs hypothécaires à l'abri des effets ré-
troactifs du privilège inscrit dans les conditions prévues par la loi du 10 août 1922,
il avait été organisé une procédure spé-
ciale dite de purge préventive. L'emprun-
teur sur hypothèque ou l'acquéreur faisait
signifier au Trésorier général du départe-
ment où se trouvaient les biens, son in-
tention d'hypothéquer ou de vendre. Sur
cette notification, l'Administration dans 'e
délai d'un mois faisait inscrire son privilège. L'inscription prise, après ce délai
d'un mois, n'avait pas rang de préférence[e];
elle dégénérait en simple inscription pour
valoir à sa date ; elle n'était pas opposable à l'acquéreur devenu définitivement
propriétaire, ni aux prêteurs dont l'inscription avait pris rang définitif, mais le
tout à condition que l'acquisition ou le
prêt ait été réalisé dans les six mois de

la notification dont l'effet ne pouvait excéder cette durée.

Les dispositions relatives à la purge préventive sont devenues à peu près sans objet, car les rôles de contribution de guerre sont en principe tous émis actuellement. Toutefois les Commissions du premier degré conservent le pouvoir d'établir jusqu'au 30 juin 1928 des taxations dans certains cas et en dehors de la simple exécution de décisions de la Commission supérieure.

### Cantonnement

Lorsque les inscriptions portent sur des immeubles d'une valeur supérieure aux sommes restant dues, le contribuable est autorisé à demander le cantonnement du privilège à condition que les immeubles restant soumis au privilège aient une valeur double de celles des sommes restant dues.

Si le privilège est cantonné sur des navires, la valeur des navires restant affectée au privilège du Trésor doit être triple des sommes restant dues.

Pour des inscriptions portant à la fois sur des immeubles et des navires, il n'est pas possible de faire cantonner exclusivement des navires ; mais si l'inscription prise sur les immeubles était suffisante, celle portant sur les navires pourrait être radiée en partie ou en totalité.

Il ne peut être fait de cantonnement sur les fonds de commerce.

### Héritiers

Les héritiers ne sont pas tenus, en matière de contribution de guerre, au delà de ce qu'ils ont reçu comme immeubles. L'immeuble grevé du privilège passe tel quel dans le patrimoine de l'héritier ; mais le privilège ne s'étend pas par suite de l'acceptation de la succession, aux autres immeubles de l'héritier et celui-ci ne peut être poursuivi en qualité d'héritier pour la contribution de guerre comme pour les autres contributions directes, que sur ses biens meubles et objets mobiliers.

### Radiation

Dès que les sommes dues ont été payées ou dégrevées, le privilège doit être radié. L'initiative de la radiation appartient au percepteur ; mais elle n'est définitivement opérée qu'après versement par le redevable des frais de radiation. Si la radiation a lieu après dégrèvement, le coût est à la charge du Trésor.

### Exercice du privilège

Pour faire valoir son privilège sur les immeubles, le Trésor doit d'abord l'avoir exercé sur les biens meubles du redevable, ainsi qu'il résulte des termes de l'article 2.105 du Code civil. Cette obligation se trouve rappelée dans un arrêt de la Cour de Cassation du 29 mars 1927.

## 5° Privilège de la Régie des Contributions indirectes. — Généralités

Le privilège de la Régie est réglé par l'article 47 du décret du 1er Germinal an XIII ainsi conçu :

« Article 47. — La Régie aura privilège et préférence à tous les créanciers sur les meubles et effets mobiliers des comptables pour leurs débets et sur ceux des redevables pour les droits à l'exception des frais de justice et de ce qui sera dû pour six mois de loyer seulement et sauf aussi la revendication dûment formée par le propriétaire des marchandises en nature qui seront encore sous balle et sous corde. »

### Etendue du privilège

Pour tous les produits qu'elle est appelée à percevoir, la Régie profite du privilège du décret du 1er Germinal an XIII. Il n'est pas nécessaire que la disposition législative qui institue un droit à percevoir par la Régie spécifie que le recouvrement sera assorti du privilège du décret du 1er Germinal. En effet, l'article 47 de ce décret est conçu dans des termes généraux qui ne comportent ni distinction ni limitation ; il s'applique donc à tous les droits créés ou à créer. (Tribunal civil de Lyon,

25 avril 1923 ; Tribunal civil de Toulouse, 11 juin 1926 ; Cassation, 18 janvier 1841).

Alors que pour les contributions directes, la contribution de guerre, les taxes municipales, c'est le recouvrement d'un produit qui est assorti du privilège, en matière de contributions indirectes , au contraire, c'est l'Administration qui profite d'un privilège pour tous ses recouvrements.

### Durée du privilège

Le décret du 1ᵉʳ Germinal an XIII ne fixe pas de délai de péremption pour le privilège. Ce dernier profite donc à l'Administration tant que les droits à recouvrer ne sont pas eux-mêmes atteints par la prescription.

La prescription profite au redevable si les droits n'ont pas été réclamés dans le délai d'un an à compter de l'époque où ils étaient exigibles. Pour les droits garantis par acquit à caution la prescription est acquise au bout de quatre mois et de quarante jours pour les acquis recommandés. Pour le recouvrement de la taxe sur le chiffre d'affaires, la prescription est de trois ans. Ces prescriptions sont susceptibles d'interruption par voie de contrainte signifiée au redevable. La contrainte signifiée interrompt pendant trente ans la péremption du privilège.

## Exercice du privilège. — Subrogation
## de tiers

Le privilège ne porte que sur les meubles et effets mobiliers du débiteur. Les meubles, immeubles par destination, échappent donc au privilège. Le privilège atteint tous les meubles et effets mobiliers du redevable, en quelque lieu qu'ils se trouvent et non pas seulement ceux affectés à l'exercice de la profession ou à l'entreprise.

Si les impôts indirects ne sont pas privilégiés sur le prix des immeubles, il n'en est pas moins vrai que dans l'ouverture d'un ordre la Régie peut être colloquée au marc le franc lorsque tous les créanciers privilégiés ont été payés. Elle peut être colloquée par préférence, en vertu de son privilège, sur les intérêts provenant du prix de vente d'un immeuble.

Il faut signaler ici que les expéditeurs de boissons qui auront payé pour le compte de leurs clients des droits de consommation et aussi la taxe de luxe seront subrogés pour le recouvrement de ces droits, au privilège conféré à la Régie.

Toutefois, si la Régie vient en concurrence avec un négociant bénéficiaire d'une subrogation de cette nature, le privilège de la Régie primera celui du négociant (loi du 29 décembre 1925, article unique).

### Rang du privilège

La Régie a préférence à tous les créanciers, sur les meubles et effets mobiliers du redevable.

Son privilège prime en conséquence tous les privilèges généraux de l'article 2101 du Code civil qui sont des privilèges sur les meubles et les immeubles, à l'exception du numéro 1 : frais de justice.

Il prime également les privilèges spéciaux sur certains meubles de l'article 2102 du Code civil, sauf cependant sur le numéro 1 : loyers et fermages pour six mois de loyer. Le privilège du propriétaire s'exercerait encore par préférence à celui de la Régie si au commencement du bail le locataire avait payé six mois d'avance parce que ces six mois doivent s'imputer sur les six derniers mois de la période finale (Cassation, 26 janvier 1852).

### Revendication

Pour exercer son privilège, la Régie, comme tout autre créancier, est tenue de faire saisir et vendre les biens meubles affectés du privilège et de se faire payer sur le prix d'après son rang de préférence. La saisie portera donc sur les biens meubles trouvés chez le débiteur et si un tiers se trouvait lésé parce que partie ou totalité des meubles saisis serait sa propriété, il devrait former une revendication. Mais l'article 117 du décret du 1" Germinal an XIII limite la revendication aux marchandises en nature sous balle et sous corde. Il doit y avoir identité complète entre les marchandises saisies et les marchandises revendiquées. Il est indispensable que l'individualité de celles-ci soit restée distincte dans les magasins du débiteur saisi. Une fois la vente consommée, le propriétaire n'est plus fondé à revendiquer et ne le serait pas davantage à demander l'attribution par préférence, sur le produit de la vente, du prix des objets dont il prouverait qu'il avait la propriété. Il devient simple propriétaire d'effets mobiliers non payés et à l'égard des créanciers autres que la Régie pourrait toutefois opposer ce privilège (article 2.102 n° 4 du Code civil). L'instance en revendication est de la compétence des tribunaux ordinaires, ainsi que toutes les difficultés se rattachant à l'exercice du privilège, même lorsqu'il s'agit de l'impôt sur le chiffre d'affaires.

### Créancier nanti

Le privilège du créancier nanti, article 2102, n° 2, du Code civil, a donné lieu en matière de contributions indirectes à de nombreuses contestations, qui, semblet-il, n'auraient pas dû se produire, puisque le privilège de lla Régie prime tous les privilèges de l'article 2102, sauf six mois de loyer au propriétaire.

Quoiqu'il en soit, la Cour de Cassation a jugé (arrêt du 27 juillet 1925), que le rang du privilège dans les meubles est déterminé par la faveur attachée par la loi à la qualité de la créance qu'il garantit et ne doit pas être classé par la priorité de temps et que le paragraphe final de l'article 2098 du Code civil, aux termes duquel le Trésor ne peut obtenir de privilège au préjudice des droits antérieurement acquis à des tiers, devait s'entendre des droits acquis à des tiers antérieurement à la loi destinée à organiser ce privilège.

Donc, le privilège de la Régie a rang de préférence sur celui du créancier nanti, même si le privilège du créancier nanti avait été inscrit au greffe du Tribunal de commerce antérieurement au fait générateur des droits dus à la Régie.

### Autre privilège du Trésor.
### Rang de préférence

Le privilège des Contributions directes (loi du 12 novembre 1808, art. 1er) s'exerçant avant tout autre, prime celui de la Régie. Mais la Régie ayant, aux termes de l'article 47 du décret du 1er germinal an XIII, préférence à tous les créanciers, primera le Trésor public pour les créances résultant d'abus et prévarications commis par les fonctionnaires publics dans l'exercice de leurs fonctions sur les fonds de leur cautionnement (Code Civil, article 2102, n° 7).

Le privilège des Contributions directes et des Contributions indirectes primerait aussi celui des départements et des communes sur les fonds des cautionnements des entrepreneurs et fournisseurs ; il primerait aussi celui du Trésor pour le recouvrement des frais de condamnation criminelle, correctionnelle ou de simple police (loi du 5 septembre 1807).

## 6° Douanes

Le privilège de la Douane est réglé par les articles 22 et 23 du décret du 6-22 août 1791.

Article 22. — « La Régie aura privilège et préférence à tous créanciers sur les meubles et effets mobiliers des comptables, pour leurs débets, et sur ceux des redevables pour les droits à l'exception des frais de justice et autres privilégiés, de ce qui sera dû pour six mois de loyer seulement et sauf aussi la revendication dûment formée par les propriétaires des marchandises en nature qui seront encore sous balle et sous corde. »

Pareil privilège s'exercera sur les immeubles acquis par les comptables depuis le commencement de leur gestion.

Article 23. — « Au cas de l'article précédent, la Régie aura hypothèque sur les immeubles des comptables et des redevables ; savoir : à l'égard des comptables, à dater du jour de leur prestation de serment, et des redevables, à compter de celui où les soumissions ont été faites sur les registres et signées par eux ou leurs facteurs ; pourvu néanmoins que les extraits des registres contenant les soumissions des dits redevables aient été soumis à l'enregistrement dans le délai fixé pour les actes de notaire. »

## Etendue du privilège

De même que pour les Contributions indirectes, le privilège profite à l'Administration pour tous les droits à recouvrer par
ses soins, y compris les confiscations,
amendes et restitutions (lois codifiées,
Douanes, art. 581).
nes, art. 581).

## Biens affectés au privilège

Le privilège porte sur les biens meubles
comme pour les Contributions directes et
indirectes, mais à la différence de ces der-
nières, il porte également sur les immeubles. C'est ce qui résulte de l'article 23 du
décret du 6-22 août 1791 qui spécifie que
la Douane aura hypothèque sur les immeubles des redevables.

Il s'agit là d'une hypothèque légale non
soumise à la formalité d'inscription et qui
prend rang à dater du jour où les soumissions ont été faites sur les registres et signées par le redevable ou ses fondés de
pouvoirs (lois codifiées, Douanes art. 580).

## Durée du privilège

Aux termes de l'article 25 du décret du
6-22 août 1891, l'Administration des Douanes n'est pas recevable à former une demande en paiement des droits un an après

que les dits droits auraient dû être payés,
le tout à moins qu'il n'y ait eu avant ce
terme, contrainte décernée et signifiée.

La contrainte interrompt la prescription
annale, l'Administration et les particuliers
se trouvent replacés dans les termes du
droit commun et il n'y a plus lieu qu'à la
prescription trentenaire.

Aucun délai de péremption n'ayant été
fixé par le décret du 6-22 août 1791, il en
résulte que le privilège profite à l'Administration tant que les droits à recouvrer
n'ont pas eux-mêmes été atteints par la
prescription. La contrainte a donc un double effet ; elle interrompt comme pour les
contributions indirectes, la prescription
des droits et celle du privilège.

La reconnaissance de la dette, des offres,
une condamnation ont les mêmes effets interruptifs que la contrainte suivie ou non
d'exécution.

## Rang du privilège

Le privilège de la Douane ne prena
rang qu'après celui des Contributions indirectes. Il est primé comme celui de cette
administration pour six mois de loyer au
propriétaire impayé et ne peut s'exercer
sur les marchandises en nature qui seront
encore sous balle et sous corde dans le cas
de revendication dûment formée par le
propriétaire des dites marchandises.

L'instance en revendication doit être portée devant les tribunaux ordinaires.

Prenant rang immédiatement après le privilège de la Régie, le privilège de la Douane prime tous les privilèges primés par celui des Contributions indirectes et pour les mêmes motifs.

Il est évidemment primé par les privilèges qui priment celui des Contributions directes.

## 7° Enregistrement, Domaines et Timbre
## N° 1, Privilège des droits de succession
### A) Privilège sur les immeubles

Pour les droits de succession différés, mais pour ces derniers seulement, l'Administration a privilège sur les immeubles héréditaires. Toutefois, pour être opposable à des tiers, ce privilège doit être inscrit.

Lorsqu'il est inscrit dans les six mois du jour de la déclaration de succession ou dans les six mois du jour de l'expiration du délai pour souscrire la déclaration de succession, le privilège a un effet rétroactif qui remonte au jour de l'ouverture de la succession. De sorte que les créanciers inscrits dans le délai de six mois défini ci-dessus ont leur créance primée par celle de la Régie. Mais l'inscription prise après l'expiration du délai de six mois dégénère pour ne valoir et prendre rang qu'à compter de sa date.

### B) Privilège sur les meubles

Indépendamment du privilège sur les immeubles héréditaires pour les droits de succession différés, la Régie de l'enregistrement a privilège pour les droits de succession différés ou non sur le revenu des biens héréditaires. C'est ce qui résulte de

l'article 32 de la loi du 22 Frimaire an VII
ainsi conçu : « La nation aura action sur
les revenus des biens à déclarer en quel-
ques mains qu'ils se trouvent pour le paiement des droits dont il faudrait poursuivre
le recouvrement. »

Le privilège dont il s'agit, limité aux
revenus des biens mobiliers et immobiliers
héréditaires ne s'exerce donc ni sur les
immeubles ni **sur les capitaux**. Il n'est
soumis à aucune condition d'inscription
ou de pubilcité. Toutefois il ne s'agit pas
comme en matière d'mpôt foncier d'un vé-
ritable droit de suite et le privilège ne
peut être exercé au préjudice de tiers acquéreurs. Il appartient donc à l'Administration d'agir sur les revenus pendant que
les biens sont encore entre les mains des
donataires, légataires ou cohéritiers.

En cas de vente des biens, les intérêts
du prix tombent sous le coup du privilège.

### Rang du privilège

Le privilège sur les revenus des biens
héréditaires doit être préféré à tout autre
privilège que la loi n'a pas expressément
classé avant lui.

En conséquence, il prime les privilèges
des articles 2101 et 2102 du C. C., sauf les
frais de justice.

Par contre, il est primé par le privilège
de la contribution foncière et des autres

contributions directes et taxes assimilées
qui s'exerce avant tout autre. Il l'est également par le privilège de la Régie des
Contributions indirectes et par celui des
Douanes, auxquels la loi donne rang de
préférence. (Décret du 6-12 août 1791 et décret du 1er germinal an XIII.)

La loi du 22 frimaire an VII ne fixe pas
de délai de péremption, en sorte que le
privilège s'exerce tant que le recouvrement des droits peut être poursuivi.

## N° 2. — Privilège de l'Enregistrement pour le recouvrement des droits et amendes de timbre.

L'article 76 de la loi du 28 avril 1816
dispose que le recouvrement des droits et
amendes de timbre jouira, soit dans les
successions, soit dans les faillites ou tous
autres cas du privilège des Contributions
directes.

Il s'agit donc pour le recouvrement des
droits et amendes de timbre d'un privilège
sur tous les biens meubles du débiteur
s'exerçant dans les conditions exposées
pour les Contributions directes, tant pour
ce qui est des tiers détenteurs que pour
ce qui est des dépositaires publics, gref-
fiers, notaires, etc.

En conséquence, ce privilège prime tous les privilèges primés par celui des Contributions directes, notamment celui des droits de succession sur les revenus des biens héréditaires. S'il vient en concurrence avec le privilège des Contributions directes, le règlement a lieu proportionnellement au montant des deux créances privilégiées.

Les dispositions de l'article 76 de la loi du 28 avril 1816 s'appliquent à tous les droits et amendes de timbre (timbres quittance, timbre de dimension, taxes d'abonnement sur les titres des sociétés).

Le privilège étant celui des Contributions directes se prescrit dans les mêmes conditions, c'est-à-dire par deux ans.

## 8° Privilège du Trésor pour le recouvrement des frais de justice en matière criminelle, correctionnelle et de police.

Ce privilège résulte de l'article 1er de la loi du 5 septembre 1807. Il porte sur les meubles et effets mobiliers des condamnés et ne s'exerce qu'après les privilèges des articles 2101 et 2102 et les frais de défense des condamnés.

Le privilège dont il s'agit s'étend aux immeubles des condamnés à la charge par le Trésor de l'inscrire dans les deux mois à dater du jugement ; passé ce délai, le privilège dégénère pour ne valoir et prendre rang qu'à sa date d'inscription.

Le privilège inscrit sur les immeubles pour le recouvrement des frais de justice ne s'exerce qu'après les privilèges de l'article 2101 et 2103 et les autres hypothèques inscrites avant le privilège du Trésor, pourvu qu'elles résultent d'acte de date certaine antérieure au mandat d'arrêt ou jugement de condamnation. Les sommes dues pour la défense du condamné ont rang de préférence, de même le privilège de la contribution de guerre inscrit sur les immeubles des redevables primera celui du recouvrement des frais de condamnation.

## De quelques privilèges particuliers en concurrence avec les privilèges du Trésor.

1) *Salaire des mois de nourrice*. — Ce privilège prend rang entre les numéros 3 et 4 de l'article 2101 du C. C. Il est donc primé par le privilège des Contributions directes, de la Douane, des Contributions indirectes, de l'Enregistrement pour les droits de succession, les droits et amendes de timbre. Mais il prime celui du Trésor pour faits de charge et pour le recouvrement des frais de condamnation criminelle, correctionnelle et de simple police. (Loi du 23 décembre 1874, art. 14.)

2) *Part revenant aux assurés dans les opérations sur la durée de la vie humaine.* — Ce privilège prend rang après le n° 6 de l'article 2101 du C. C. Il est primé ou prime les privilèges du Trésor, comme il est dit au n° 1 ci-dessus. (Loi du 17 mars 1905.)

# TABLE DES MATIÈRES

## CONTRIBUTIONS INDIRECTES

## DOUANES



## ENREGISTREMENT. DOMAINES. TIMBRE



Lyon. — Imp. du SALUT PUBLIC